Alphabetisches Sachregister

I.

zu den Geschäftsanweisungen für die Gerichtsschreibereien in Zivilsachen vom 2. März 1910

II.

zu den Bekanntmachungen vom 2. März 1910

a) die Ausführung der Zustellungen von Amtswegen, b) die Dienstesvorschriften und die Geschäftsanweisung für die Gerichtsvollzieher, c) die Geschäftsaufgabe für die Gerichtsvollzieher betr.

Für Just.Min.Blatt Nr. VIII, IX, VI und den offiziellen Sonderabdruck gefertigt

von

Oskar Eichhorn,
K. Kanzleirat in München.

1910
München und **Berlin.**
J. Schweitzer Verlag (Arthur Sellier).

Preis: Brosch. Mk. 1.—, kart. Mk. 1.50.

Alphabetisches Sachregister

I.

zu den Geschäftsanweisungen für die Gerichtsschreibereien in Zivilsachen vom 2. März 1910

II.

zu den Bekanntmachungen vom 2. März 1910

a) die Ausführung der Zustellungen von Amtswegen, b) die Dienstesvorschriften und die Geschäftsanweisung für die Gerichtsvollzieher, c) die Geschäftsaufgabe für die Gerichtsvollzieher betr.

Für Just.Min.Blatt Nr. VIII, IX, VI und den offiziellen Sonderabdruck gefertigt

von

Oskar Eichhorn,
K. Kanzleirat in München.

1910
München und **Berlin.**
J. Schweitzer Verlag (Arthur Sellier).

Druck von Dr. Franz Paul Datterer & Cie., G. m. b. H., Freising und München.

Abkürzungen.

AG. = Amtsgerichte.
AG. z. ZPO. = Ausf.-Ges. z. Zivilprozeßordnung.
GKG. = Gerichtskostengesetz.
GVG. = Gerichtsverfassungsgesetz.
HK. = Handelskammer.
KO. = Konkursordnung.
LG. = Landgerichte.
OLG. = Oberlandesgerichte.
ZK. = Zivilkammer.
ZPO. = Zivilprozeßordnung.
ZVG. = Zwangsversteigerungsgesetz.
v. A. w. = von Amts wegen.
StPO. = Strafprozeßordnung.
DV. f. G. = Dienstesvorschriften für Gerichtsvollzieher.
GA. f. G. = Geschäftsanweisung für Gerichtsvollzieher.

Die mit * versehenen Seitenzahlen beziehen sich auf den Anhang des vom Kgl. Staatsministerium der Justiz herausgegebenen Sonderabdrucks zu den Bekanntmachungen zu I. Der Anhang enthält, gesondert paginiert, die Bekanntmachungen zu II.

A.	Justizministerial-Blatt §§	Justizministerial-Blatt Seite	Sonder-Abdruck Seite
Abholung gerichtlicher Entscheidungen in Urschrift durch Antragsteller bei Gericht	45	280/81	34/35
Abkürzung der Einlassungsfrist und der Ladungsfrist, Mitteilungen der zu Ladenden	43 [3]	280	34
Ablehnungsgesuche §§ 44, 49, 406 ZPO.	1	253	7
do. §§ 44, 49, 406 ZPO. . . . LG.	1	475	229
Ablieferung von Brief- nebst Zustellungsformularen am Postschalter	23 [4]	269/70	23/24
Abschlagsverteilung im Konkursverfahren — Niederlegung des Verzeichnisses der zu berücksichtigenden Gläubiger	186 [3]	365	119
Abschriften, deren Herstellung	14 [I-III]	262	16
Abschriften-Beglaubigung § 210 ZPO.	15	262	16
Abschriften, mit Durchschlag hergestellte, die schlecht leserlich sind oder deren Schrift verwischt ist — Zurückweisung	14 [III]	262	16
Abschriften, Vermerk der Zeit der Uebergabe auf denselben § 169 Abs. 2 ZPO.	20	266	20
Abteilungen der Konkurstabelle	190/92	367/68	121/22
Aenderungen der Entscheidung des Gerichtsschreibers im Kostenfestsetzungsverfahren	73	297	51
Akten, Anlage ders., Bildung . . . . AG.	163/70	354/57	108/11
do. " " " . . . . LG.	54/61	505/08	259/62
Akteneinforderung in Beschwerdesachen . . . . LG.	48	500	254
do. § 544 Abs. 1 ZPO.	41 [I]	495/96	249/50
Akten-Einsicht . . . . AG.	171	357/58	111/12
Akten-Führung, -Bildung . . . . AG.	163/70	354/57	108/11
do. " " . . . . LG.	54/61	505/08	259/62
Aktenrücksendung an I. Instanz § 544 Abs. 2 ZPO. .	41 Abs. II	495/96	249/50
Aktenumschläge: Zivilprozeßakten und Vollstreckungsakten, gelbe Farbe	164 [I]	354	108
Aktenumschläge: Konkursakten: blaue Farbe	199 [V]	372	126
do. blaue Farbe . . . . LG.	55 [I]	505	259
ohne Aktenumschläge **AG.** Akten vom Umfang unter 12 Blätter	164 [I-III]	354/55	108/09
Aktenversendung. Versendung weggelegter Akten — Ersuchschreiben als Fehlblatt	169	357	111
Aktenversendung an ausländische Behörden . . AG.	170	357	111
do. " " " . . LG.	61	508	262
do. " " " . OLG.	13	554	308
Aktenvorlage nebst Verzeichnis der nach dem Kalender zur Verhandlung kommenden Sachen	52	287	41
Aktenweglegung . . . . AG.	146/47	340/41	94/95
do. . . . . LG.	30/31	490/91	244/45
Aktenzeichen (statistische Buchstaben) . . . . . AG. Gewöhnliche Prozesse werden bezeichn. mit d. Buchst. A	144	336/38	90/92

A.	Justizministerial-Blatt §§	Justizministerial-Blatt Seite	Sonder-Abdruck Seite
Aktenzeichen (statistische Buchstaben) . . . . . . **AG.**			
Urkundenprozesse werden bezeichn. mit d. Buchstaben B			
Wechselprozesse und Scheckprozesse " " " B			
Arreste und einstw. Verfügungen " " " C	144	336/38	90/92
Entmündigungssachen . . . " " " D			
Aufgebotssachen . . . . . " " " E			
Anträge außerhalb eines bei dem Gerichte anhängigen Rechtsstreits, soweit sie in das Zivilprozeßregister einzutragen sind . mit d. Buchstaben F	—	—	—
Verteilungsverfahren werden bezeichn. mit d. Buchst. G			
Zwangsversteigerungen von Grundstücken, von Rechten, für welche die sich auf Grundstücke beziehenden Vorschriften gelten und von Schiffen mit d. Buchst. H	153	345/47	99/101
Zwangsverwaltungen . . . . " " " J			
Andere Anträge, welche die Zwangsvollstreckung betreffen . . . . mit d. Buchst. K			
Aktenzeichen (statistische Buchstaben) . . . . . . **LG.**			
Gewöhnliche Prozesse werden bezeichn. mit d. Buchst. A			
Urkundenprozesse . . . . " " " B			
Wechselprozesse und Scheckprozesse . . " " " B			
Arreste und einstw. Verfügungen . . " " " C			
Entmündigungssachen . . . . " " " D	28/29	487/89	241/43
Ehesachen §§ 606, 639 ZPO. . . . . " " " E			
Prozesse wegen Feststellung des Rechtsverhältnisses zwischen Eltern und Kindern . mit d. Buchst. H			
Berufungen . . . . **LG.**			
Gewöhnliche Prozesse werden bezeichn. mit d. Buchst. F			
Urkundenprozesse . . . . " " " G	39/40	494/95	248/49
Wechsel- und Scheckprozesse . . . . " " " G			
Berufungen . . . . **OLG.**			
Gewöhnliche Prozesse werden bezeichn. mit d. Buchst. L			
Urkundenprozesse . . . . " " " M			
Wechsel- und Scheckprozesse . . . . " " " M	4/5	548/49	302/03
Ehe- u. Entmündigungssachen sowie Prozesse wegen Feststellung d. Rechtsverhältnisses zwischen Eltern und Kindern . . . . mit d. Buchst. N			
Alphabetisches Namensverzeichnis zum: . . **AG.**			
Armenrechtsregister AR.	130^{VIII}	329	83
Mahnregister MR.	133^{IV}	331	85
Zivilprozeßregister	143^{II}	336	90
Vollstreckungsregister	152	344	98/99
für Aufgebotssachen	143^{III}	336	90
Schuldnerverzeichnis	156^{III}	348	102
Konkursregister	201	372	126
Alphabetisches Namensverzeichnis zum: . . . **LG.**			
Armenrechtsregister	24	486	240
Zivilprozeßregister	27, 43	487/97	241/50
Berufungsregister	38, 43	493 u. 496/97	247 u. 250/51
Beschwerderegister	$46^{\mathrm{V-VI}}$	499	252/53
Armenrechtsregister . . . . **OLG.**	2	547	301
Berufungsregister	3	547	301

A.	Justizministerial-Blatt §§	Justizministerial-Blatt Seite	Sonder-Abdruck Seite
Alphabetisches Namensverzeichnis z. Beschwerderegister	8	551	305
Amtsgericht — sachliche Unzuständigkeit § 504 Abs. 2 ZPO., hier Protokollvermerk	54	287	41
Anerkenntnisurteil in abgekürzter Form, Protokollaufnahme, Vermerk	54^{III}	288	42
Anerkenntnisurteil in abgekürzter Form § 313 Abs. 3 ZPO. Voraussetzung, dessen Bezeichnung, Fertigung	58^{I}	289/90	43/44
Anerkenntnisurteil nach § 313 Abs. 3 ZPO., hier Verwendung von Stempel zur Herstellung	59	291/1	44/45
Angeklagter, Ladung des nicht auf freiem Fuße befindlichen Angekl. § 215 Abs. 2 StPO.	57^{3}	217	23*
Angeklagte in Forstrügesachen, Zustellung von Vorladungen, Beurkundung der Zustellungen	59/66	218/20	24/26*
Angelegenheiten der freiwilligen Gerichtsbarkeit; Zustellungen ausnahmslos von Amts wegen	2	196	2*
Angelegenheiten der freiwilligen Gerichtsbarkeit, Benachrichtigungen, Bekanntmachungen, Zustellungen . . .	46/53	213/16	19/22*
Anheftung der zuzustellenden Ausfertigung oder beglaubigten Abschrift an die Gerichtstafel, Art der Anheftung, Dauer, Abnahme, Konstatierung, Ueberwachung .	25/29	271/73	25/27
Anmeldung im Konkursverfahren	175	359	113
Annahme zugeschobener Eide — Anträge, Feststellung im Sitzungsprotokolle	55^{V}	288	42
Anordnungen des Gerichts nach § 501 ZPO.	51	286	40
Anträge, Gesuche, Erklärungen zu Protokoll des Gerichtsschreibers . . . . **AG.**	1/3	253/56	7, 9/10
Anträge, Gesuche, Erklärungen zu Protokoll des Gerichtsschreibers . . . . **LG.**	1/2	475/76	29/30
Anträge im Konkursverfahren	174/75	359	113
Antragsteller, Entscheidungen, die der Antragsteller n. Urschrift bei Gericht abzuholen hat . . . . . **AG.**	45^{I-II}	280/81	34/35
Antragsteller, Entscheidungen, die der Antragsteller n. Urschrift bei Gericht abzuholen hat . . . . . **LG.**	14	482	236
Anwalt, Zustellung an einen RA. § 496 Abs. 4 ZPO.	16	263	17
Anzeigen, Gesuche, Weigerungserklärungen §§ 381—386, 389, 402 ZPO.. . . . . **AG.**	1	253	7
Anzeigen, Gesuche, Weigerungserklärungen §§ 381—386, 389, 402 ZPO.. . . . . **LG.**	1	475/76	229/30
Anzeige, Erlöschen der Vollmacht, deren Zustellung . .	7^{II}	259	13
do. schriftliche, bezügl. der Niederlegung der Schriftstücke, § 182 ZPO.	20	205/06	11/12*
Arbeitshaus, Zustellungen an Personen, die in ein Arbeitshaus eingewiesen	73	223	29*
Armenrechtsgesuche § 118 ZPO. . . . . **AG.**	1	253	7
do. „ „ „ . . . . **LG.**	1	476	230
Armenrechtsregister (AR.) Führung . . . . . **AG.**	130/31	328/30	82/84

A.	Justizministerial-Blatt §§	Justizministerial-Blatt Seite	Sonder-Abdruck Seite
Armenrechtsregister (AR.) Führung . . . . . **LG.**	23/24	486	240
do. (AR.) „ . . . . **OLG.**	2	547	301
Armenrechtszeugnisse	132	330	84
Arrestbefehle und einstweil. Verfügungen — Vollstreckungsklausel	114 6 u. 116 III	320/22	74/76
Arrestbeschluß — Ausfertigung als Urschrift	19 II	265/66	19/20
Arrestgesuche §§ 920, 936 ZPO. . . . . **AG.**	1	254	8
do. §§ 920, 936 „ . . . . **LG.**	1	476	230
Arrestsachen und einstweilige Verfügungen, Feriensachen	5	257	11
do. „ „ „ „ §§ 922, 936 ZPO., deren Zustellung	10 V	260	14/15
Aufbewahrung der Konkurstabellen	186 II	365	119
Aufforderung zur Kostenberechnung . . . . **AG.**	66	294	48
do. . . vgl. **LG.**	22	485	239
Aufgebot, Mitteilung vom Aufgebot an den Eigentümer des Grundstücks, §§ 986 Abs. 5 u. 988 Abs. 2 ZPO.	42 9	280	34
Aufgebotsanträge § 947 ZPO.	1	254	8
Aufnahme-Erklärungen § 250 ZPO., hier deren Zustellung	7 II	259	13
Aufsichtsamt für Privatversicherung in Berlin-Charlottenburg, Mitteilung v. Zivilurteilen an solches . . **LG.**	17	484	238
Ausfertigungen, deren Herstellung	14 I-III	262	16
do. und Abschriften, deren Herstellung bei Vermittelung der Zustellung auf Betreiben der Parteien	19	265	19
Ausfertigungen von Urteilen u. anderen Entscheidungen als Urschrift	19 II	265/66	19/20
Ausfertigungen und Auszüge von Urteilen u. Beschlüssen	74/82	298 u. 301	52/55
do. deren Ueberschrift u. Schluß	77	300	54
do. vollstreckbare, die der Antragsteller bei Gericht abzuholen hat	45 II	281	35
Ausführung der Zustellung v. A. w. durch den Gerichtsdiener	14/32	202/10	8/16*
Ausfüllung des Kopfes des Formulares zu einer Zustellungs-Urkunde	14	202	8*
Aushändigung der zur Zustellung bestimmten Schriftstücke an den Gerichtsdiener	9	199	5*
Aushang des Verzeichnisses der nach dem Kalender zur Verhandlung kommenden Sachen	52	287	41
Aushang-Verzeichnis . . . . **AG.**	61	292	46
LG.	19	485	239
OLG.	1	547	301
Ausland, Zustellungen im Ausland	47	214	20*
Ausländische Behörden, Versendung von Prozeß- und Vollstreckungsakten an solche . . . . **AG.**	170	357	111

A.	Justizministerial-Blatt §§	Seite	Sonder-Abdruck Seite
Ausländische Behörden, Versendung von Akten an solche . . . . **LG.**	61	508	262
Ausländische Behörden, Versendung von Akten an solche . . . . **OLG.**	13	554	308
Auslieferung und Verwahrung von Urkunden, deren Echtheit bestritten	47 III	282	36
Ausscheiden der Akten, in denen die Beilagen des Mahnregisters gesammelt werden	137	333	87
Aeußerungen ihrem Wortlaute nach — deren Aufnahme in das Protokoll	55 I	287	41
Auszug, der in öffentl. Blätter einzurückende, §§ 204, 205 ZPO.	27	272	26
Auszüge und Ausfertigungen von Urteilen und Beschlüssen	74/82	298 bis 301	52/55
Auszüge und vollstreckbare Ausfertigungen aus der Konkurstabelle	196	369	123
B.			
Beamter der Gerichtsschreiberei als Zustellungsbeamter	16	263	17
Beauftragter Richter, Beweisaufnahme vor demselben, Terminsbekanntgabe	37 II	277	31
Beendigungsvermerk im Prozeß- u. Vollstreckungsregister, desgl. auf dem Aktenumschlage . . . . . . **AG.**	168	357	111
Beendigungsvermerk, Weglegungsvermerk . . . **LG.**	30	491	245
Beglaubigung der Abschriften, § 210 ZPO.	15	262	16
do. der an die Gerichtstafel anzuheftenden Abschriften	26 II	272	26
Beglaubigung der Uebersetzung durch den Dollmetscher, hier durch den Gerichtsschreiber resp Protokollführer	55 VI	289	43
Behändigungen und sonstige Mitteilungen . . . **AG.**	42/45	279/81	33/35
do. „ „ „ . . . **LG.**	13/17	481, 484	235/38,
do. ohne Beurkundung bei Zustellungen v. A. w.	49	214	20*
Behörden, ausländische, Aktenversendung an solche **AG.**	170	357	111
do. „ „ „ „ **LG.**	61	508	262
do. „ „ „ „ **OLG.**	13	554	308
Behörde, Zustellung an den gesetzlichen Vertreter oder Vorsteher derselben. § 184 Abs. 1 ZPO.	11 II 1, 23	200, 206/07	6*, 12/13*
Beiakten im Konkursverfahren	199 II-III	371	125
Bekanntmachung, die Geschäftsanweisung für die Gerichtsschreibereien in Zivilsachen	—	250/52	4/6
Bekanntmachung, die DV. f. GV. und die GA. f. GV.	—	231/36	37/42
do. die Geschäftsaufgabe für die Gerichtsvollzieher	—	237/38	43/44
Bekanntmachungen im Konkursverfahren	178/80	360/61	114/15

B.	Justizministerial-Blatt §§	Justizministerial-Blatt Seite	Sonder Abdruck Seite
Bekanntmachung von Terminen z. B. im Falle des Einspruchs, § 340a ZPO.	7 II	259	13
Bekanntmachung v. A. w. von Terminen zur mündlichen Verhandlung, §§ 340a, 520, 238 Abs. 4, 466, 352, 366, 370 ZPO., § 107 GVG. . . . LG.	11	479/80	533/35
Bekanntmachung v. A. w. durch Uebersendung mittels einfachen Briefes oder durch Behändigung	49	214	20*
Belegblätter und Zeitungausschnitte bei öffentlichen Zustellungen	28	273	27
Benachrichtigung der Parteien §§ 362 Abs. 2, 365, 386 Abs. 4, 402, 693 Abs. 4, 694 Abs. 2, 733, 795, 797 ZPO.	42 II	279	33/34
Benachrichtung von Terminen	37/39	276/78	30/32
do. nach § 501 ZPO.	—	—	—
do. „ § 733 Abs. 3, 795, 797 ZPO.; Art. 130, 136 AG. z. ZPO.	42 8	280	34
Berichtigung des Tatbestandes, Schreibfehler, Rechnungsfehler	62, 79 II	292, 301	46/47, 55
Berufungen (statistische Buchstaben) . . . LG. Gewöhnliche Prozesse werden bezeichn. mit d. Buchst. F Urkundenprozesse . . . mit d. Buchstaben G Wechsel- u. Scheckprozesse . . „ „ „ G	39/40	494/95	248/49
Berufungen (statistische Buchstaben) . . . OLG. Gewöhnliche Prozesse . . . mit d. Buchstaben L Urkundenprozesse . . . „ „ „ M Wechselprozesse u. Scheckprozesse „ „ „ M Ehe- und Entmündigungssachen, sowie Prozesse wegen Feststellung des Rechtsverhältnisses zwischen Eltern und Kinder mit d. Buchstaben N	4/5	548/49	302/03
Berufungsregister in Zivilsachen . . . LG.	36	493	247
do. Kammer f. Handelssachen	43	496/97	250/51
do. . . . OLG.	3/6	547/50	301/04
Berufungsschrift, Urschrift . . . LG.	9 II	478	232
do. „ . . . OLG.	1	547	301
Bescheinigung des Gleichlauts bei Ausfertigungen	77	300	54
do. der Schriftstücke § 169 Abs. 2 ZPO.	20 I	266	20
Beschwerden, sowie schriftl. Erklärung auf die Beschwerde §§ 569, 573, 576, 577 ZPO. . . . AG.	1	254	8
Beschwerden, Erklärung auf die B., Einlegung der B., §§ 569 Abs. 2, 573 Abs. 2 Satz 2 ZPO. . . . LG.	1	476	230
Beschwerde-Register für Zivilsachen . . . LG.	46/48	498 bis 500	252/54
do. . . . OLG.	8	551	305
Beschlüsse, Ausfertigung und Auszüge von Urteilen u. Beschlüssen . . . AG.	74/82	298 bis 301	52/55
Beschlüsse, Urschriften der Beschlüsse werden vom Gerichtsschreiber nicht unterschrieben	57 I	289	43

B.	Justizministerial-Blatt §§	Justizministerial-Blatt Seite	Sonder-Abdruck Seite
Beschlüsse, Urteile und Verfügungen . . . . . **LG.**	19/21	485	239
Bewegliches Vermögen, Verteilungsverfahren, Teilungsplan-Niederlegung	48 I	282	36
Beweissicherung, hier Zustellung v. A. w. § 491 ZPO. .	7 II	259	13
do. hier Ladung des Beweisführers u. Gegners	33 III	275	29
Beweissicherungsgesuch § 486 ZPO. . . . . . . **AG.**	1	253	7
do. § 486 „ . . . . . . **LG.**	1	476	230
Beweisstücke und Urkunden §§ 134, 142 ZPO., deren Verwahrung und Rückgabe . . . . **AG.**	47	282	36
Beweisstücke und Urkunden §§ 134, 142 ZPO., deren Verwahrung und Rückgabe . . . . **LG.**	9	478	232
Bezeichnung mangelhafte, des Termins in der Ladung	20 II	266	20
Bildung der Akten . . . . **AG.**	163/70	354/57	108/11
do. . . . . **LG.**	54/61	505/08	259/62
Binden der Kalender für mündliche Verhandlungen **AG.**	160	350	104
do. „ „ „ **LG.**	49	501	255
do. für die mündlichen Verhandlungen in der Berufungsinstanz . . . . **OLG.**	10	552/53	306/07
Binden der Register:			
a) 1. Register für Zustellungen v. A. w.	8	198	4*
2. Armenrechtsregister (AR.) . . . . **AG.**	130 I	328	82
alphab. Namensverz. hiezu	130 VIII	329	83
3. Mahnregister (MR.)	133 III	331	85
alphab. Namensverz. der Schuldner	133 IV	—	85
4. Sühneregister	138 IV	334	88
5. Zivilprozeßregister	142 III	335	89
alphab. Namensverzeichnis	143 II	336	90
6. Vollstreckungsregister	151 II	344	98
alphab. Verz. der Namen der Schuldner . . .	152 II	345	99
7. Konkursregister, alphab. Namensverz. hiezu . .	201/02	372	126
b) Zivilprozeßregister nebst alphab. Namensverz **LG.**	26/27	487	241
Armenrechtsregister nebst alphab. Namensverz. .	24	486	240
Statistische Tabelle für Ehe- und Entmündigungssachen (ER.)	33	492	246
Register für Berufungen in Zivilsachen, Namensverz. hiezu	37/38	493	247
Prozeßregister u. Berufungsregister der Kammern f. Handelssachen, Namensverz. hiezu . . .	43	496/97	250/51
Beschwerderegister für Zivilkammer u. Handelskammer	46	499	253
c) Armenrechtsregister mit alph. Namensverz. **OLG.**	2	547	301
Berufungsregister mit alphab. Namensverz. . .	3	547	301
Beschwerderegister	8	551	305
Blattzahlen der einzelnen zu den Akten gehörenden Schriftstücke . . . . **AG.**	165	355	109
Blattzahlen der einzelnen zu den Akten gehörenden Schriftstücke . . . . **LG.**	55 II	506	260

B.	Justizministerial-Blatt §§	Justizministerial-Blatt Seite	Sonder-Abdruck Seite
Bleischrift, deren Gebrauch bei Zustellungsurkunden v. A. w unstatthaft	30 II	209	15*
Botenpersonal, Zustellung v. A w. durch B.	6	197	3*
Briefsendungen nach einem Orte außerhalb Deutschlands — Ausnahme von der Portoablösung	47, 74	223	29*
Briefsperre, § 121 Konkursordnung, hier Zustellung an Gemeinschuldner	21 II	267	21
Briefsperre, Sendungen an Gemeinschuldner, über den Briefsperre verhängt ist, sind von der Zustellung v. A. w. durch die Post ausgeschlossen	7 II	197	3*
Briefumschläge zu Schriftstücken, die zu Verlust zu gehen drohen . . . . **AG.**	165 II	355	109
Briefumschläge zu Schriftstücken, die zu Verlust zu gehen drohen . . . . **LG.**	55 III	506	260
Bücherschluß im Konkursverfahren	187	365/66	119/20
Buchhalter, Zustellung (Ersatzzust.) § 183 Abs. 1 u. 2 ZPO.	21/22	206	12*
Buchstaben, statistische, für **AG., LG.** u. **OLG. aufgeführt unter „Aktenzeichen"**	—	—	—
Bürgen — vollstreckbare Ausfertigung —	120/21	324/25	78/79
Bürgerliche Rechtsstreitigkeiten u. Konkursverfahren, Zustellungen v. A. w.	4/13	196 bis 202	2/8*
Bürgerlich gerichtliche Strafsache, Zustellung an Unteroffiziere und Gemeine des aktiven Heeres	71	222	28*
C.			
Comptoir, Zustellung an Gewerbetreibende mit einem besonderen Geschäftslokal, Comptoir	21	206	12*
D.			
Dauer der Anheftung bei öffentl. Zustellungen §§ 204, 206 ZPO.	26 I	272	25/26
Dienerpersonal, dessen Verwendung bei Anheftung und Abnahme von öffentl. Zustellungen	26 III	272	26
Dienerpersonal, Zustellungen v. A. w. durch dasselbe .	6	197	3*
Dienstboten, Zustellung an solche	10	200	6*
Dienstesvorschriften und die Geschäftsanweisung für die Gerichtsvollzieher — hier Ergänzung derselben . . .	—	231/36	37/42*
Dolmetscher, Dienst des Gerichtsschreibers als Dolmetscher, Führung des Protokolles	55 VI	289	43
Drittschuldner, Klage, § 856 ZPO., hier Ladung des Gläubigers	33	275	29
Drittschuldner, Ernennung eines Sequesters oder Gerichtsvollziehers, §§ 848, 854, 855 ZPO., hier Abholung der Entscheidung durch Antragsteller bei Gericht	45 Ziff. 4	281	35

D.	Justizministerial-Blatt §§	Justizministerial-Blatt Seite	Sonder-Abdruck Seite
Drittschuldner, Zustellung des Pfändungsbeschlusses § 829 ZPO. oder des Ueberweisungsbeschlusses § 835 Abs. 3 ZPO. an Drittschuldner durch unmittelbares Ersuchen der Post	24	271	25
Durchsicht der Akten in regelmäßigen Zwischenräumen **LG.**	31	491	245
Durchstreichung in Zustellungsurkunden	30 III	210	16*
E.			
Ehesachen, Urteile durch die auf Scheidung oder Nichtigkeit der Ehe oder auf Aufhebung der ehelichen Gemeinschaft erkannt ist, — Zustellung v. A. w. . . . . **LG.**	4 Ziff. 5	476/77	230/31
Ehe- und Entmündigungssachen, statistische Tabelle	33/55	492/93	246/47
Ehesachen und Kindschaftssachen, hier Benachrichtigung der Staatsanwaltschaft von allen Terminen und Rechtsmitteleinlegung	16	482/83	236/37
Ehe- und Kindschaftssachen §§ 607, 640, 641 ZPO. Protokolle	18 II	484	238
Eid, Antrag auf nachträgliche Abnahme § 466 ZPO. **AG.**	1	253	7
do. " " " " " " " **LG.**	1	476	230
Eide, Anträge, Erklärungen über Annahme und Zurückschiebung zugeschobener Eide — Feststellung im Sitzungsprotokoll	55 V	288	42
Eidesleistung, Aufnahme des Eidessatzes seinem Wortlaute nach in das Protokoll	55 IV	288	42
Eidesleistung, Wiedereinsetzung § 238 Abs. 4 466 ZPO. hier Terminsbekanntgabe	37 II	277	31
Eidessatz beim Zeugeneid, durch bedingtes Endurteil, durch Beweisbeschluß, Feststellungen im Protokoll . .	55 IV	288	42
Eigentümer des Grundstücks — Mitteilung vom Aufgebot an denselben § 986—988 ZPO.	42 9	280	34
Eilboten, durch Eilboten zu bestellende Sendungen sind von der Zustellung durch die Post ausgeschlossen	7 II	197	3*
Eilboten, Zustellungen durch die Post können nicht als durch Eilboten zu bestellende Sendungen bewirkt werden.	21	267	21
Einfordern der Akten § 544 Abs. 1 ZPO. . . **LG.**	41 I	495/96	249/50
do. in Beschwerdesachen . . **LG.**	48	500	254
do. " " . **OLG.**	9	552	306
Eingebrachtes Gut, vollstreckb. Ausfertigung	110 8	316	70
Einlassungsfrist, deren Wahrung §§ 499, 604 ZPO	35 I-II	276	30
do. Mitteilung der Abkürzung an den zu Ladenden § 226 Abs. 3 ZPO.	43 3	280	34
Einrederecht, Hinweisung — Vermerk im Protokolle § 504 Abs. 2 ZPO.	54	287	41
Einreichung und Niederlegung von Schriftstücken bei Gericht . . . . **AG.**	46/50	281/86	35/40

E.	Justizministerial-Blatt §§	Justizministerial-Blatt Seite	Sonder-Abdruck Seite
Einreichung und Niederlegung von Schriftstücken bei Gericht . . . . **LG.**	9	478/79	232/33
Einschreiben, Postsendung mit der Bezeichnung „Einschreiben"	49	214	20*
Einschreibsendungen, Zustellungen durch die Post . . .	21 II	267	21
do. „ „ Aufgabe zur Post	7 II	197	3*
Einsicht der Akten	171/72	357/58	111/12
Einsicht des Schuldnerverzeichnisses	158	349	103
Einspruch, Einlegung, Zurücknahme des E., Bekanntmachung von Terminen im Falle des Einspruchs §§ 340, 340 a, 346, 496 ZPO. . . . . **AG.**	1, 7 II	255, 259	8, 13
Einspruch, Einreichung, Niederlegung, Terminsbekannt-bekanntmachung . . . . **LG.**	9, 11	478, 480	232/34
Einspruch gegen ein Versäumnis-Urteil § 340 a ZPO. oder einen Vollstreckungsbefehl § 700 ZPO.	37 I	276/77	30/31
Einspruch gegen den Vollstreckungsbefehl	96	307	61
Einspruchschrift, Zustellung an die Gegenpartei § 340 a Satz 2 ZPO. . . . . **AG.**	37 I	276/77	30/31
Einspruchschrift, Terminsbekanntgabe 2c. 2c. . . **LG.**	9 u. 11	478/80	232/34
Einstweilige Verfügung, Beschluß-Ausfertigung der Urschrift	19 I-II	265/66	19/20
Einträge in das Rechtshilferegister (R.)	2 II	254	8
Entgegennahme von Anträgen, Gesuchen und Erklärungen . . . . **AG.**	1/2	253/55	7/9
Entgegennahme von Anträgen, Gesuchen und Erklärungen . . . . **LG.**	1/2	475/76	229/30
Entmündigung, Anträge auf Entmündigung und Wiederaufhebung derselben §§ 647, 676, 680, 685 ZPO. . .	1	254	8
Entmündigung, Vermerk in Spalte 14 des ProzReg. ·	144 VIII	338	92
do. „ „ „ 10 „ ProzReg. rot	144 IX	338	92
do. Mitteilung d. Entmündigungsbeschlusses an das Vormundschaftsgericht §§ 660, 683 ZPO. . .	42⁵	279	33
Entscheidungen, die der Antragsteller in Urschrift bei Gericht abzuholen hat . . . . **AG.**	45 I	280	34
Entscheidungen, die der Antragsteller in Urschrift bei Gericht abzuholen hat . . . . **LG.**	14	482	236
Entwurf der Zustellungsurkunde — Ausfüllung des Kopfes des Formulars	14, 33	202, 210	8*, 16*
Erben, Erblasser, Erbschaft hier vollstreckbare Ausfertigungen gegen Rechtsnachfolger 2c. 2c.	110	315/16	69/70
Erhebungsanweisungen, Vollstreckungskausel	117 II	323	77
Erklärungen und Gesuche zu Protokoll des Gerichtsschreibers . . . . **AG.**	1/2	253/54	7/8
Erklärungen und Gesuche zu Protokoll des Gerichtsschreibers . . . . **LG.**	1/2	475/76	229/30

E.	Justizministerial-Blatt §§	Justizministerial-Blatt Seite	Sonder-Abdruck Seite
Erklärungen einer Partei — Feststellung im Sitzungsprotokolle	55 V	288	42
Erklärungen § 250 ZPO. hier deren Zustellung v. A. w.	7 II	259	13
Erlaubnis zur Zustellung am Sonntag, Feiertag oder zur Nachtzeit — § 188 ZPO.	43 2	280	34
Erlaubnis nach § 188 und § 761 ZPO. Abholung der Entscheidung in Urschrift	45 I 1-2	280/81	34/35
Ermächtigung für den Gerichtsvollzieher §§ 822, 823 ZPO. hier Abholen der Entscheidung durch Antragsteller .	45 I 3	281	35
Errungenschaftsgemeinschaft, vollstreckb. Ausfertigung	110 8	316	70
Ersatzzustellungen §§ 181, 182, 183, 184, 185 ZPO. .	12, 18/26	202/08	8/14*
do. in Forstrügesachen § 182 ZPO. . .	60 II	219	25*
Ersteher § 132 ZVG. vollstreckb. Ausfertigung gegen denselben	118/20	323/24	77/78
Ersuchschreiben als Fehlblatt zu den Akten	169	357	111
F.			
Fahrnisgemeinschaft, vollstreckbare Ausfertigung .	110 8-9	316	70
Farbe der Akten-Umschläge . . . . **AG.**	164 I, 199 V	354, 372	108, 126
do. " . . . . **LG.**	55 I	505	259
Farbe der Zustellungs-Urkunden — Zust. v. A. w. durch Gerichtsdiener	29 III	208/09	14/15*
Farbe der Zustellungs-Urkunden — Zust. v. A. w. durch die Post	33	210	16*
Fassung des in öffentliche Blätter einzurückenden Auszugs §§ 204, 205 ZPO.	27 I	272/73	26/27
Fälle der Zustellung von Amts wegen	1/3	195/96	1/2*
Feiertage, Erlaubnis der Zustellung an F. §§ 188, 761 ZPO. Abholung der Entscheidung . . . . **AG.**	43 2, 45 1-2	280/81	34/35
Feiertage, Erlaubnis der Zustellung § 188 ZPO. . **LG.**	14	482	236
do. " " " — Zust. v. A. w. durch Gerichtsdiener	27	208	14*
Feiertage, Erlaubnis der Zustellung — Zust. v. A. w. durch die Post, hier Briefaufschrift	34	211	17*
Feiertage, Erlaubnis der Zustellung — Zust. v. A. w. in Strafsachen	55 III	217	23*
Feriensachen, hier Hinweisung der Partei auf § 202 Abs. 3 GVG.	5 III	257	12
Festsetzungsbeschluß, dessen Fertigung, Ausfertigung, Verbindung mit dem Urteile, Zustellung . . **AG.**	69/72	295/97	49/51
Festsetzungsbeschluß, Kostenfestsetzungsverfahren . **LG.**	22	485/86	239/40
Feststellung auf Schuldurkunden, § 145 KO. . . .	195	369	123

F.

		Justizministerial-Blatt §§	Justizministerial-Blatt Seite	Sonder-Abdruck Seite
Feststellung des Rechtsverhältnisses zwischen Eltern u. Kindern, hier Zustellung des Urteils, §§ 640, 641 ZPO v. A. w.		4 Ziff. 5	476/77	230/31
Firma, Verbindlichkeiten — vollstreckbare Ausfertigung .		110[5]	316	70
Form, abgekürzte, bei Versäumnisurteilen u. Anerkenntnisurteilen § 313 Abs. 3 ZPO.		58 I-III	289/90	43/44
Formblätter für Postzustellungs-Urkunden, deren Bestellung bei der Post		33 II	211	17*
Formlose Mitteilungen . . . . **AG.**		35 II, 42/43, 51	276, 279/80, 286	30, 33/34, 40
do. . . . . **LG.**		13	481/82	235/36
Formlose Zustellungen		17 I-II	264	18
Formulare, von den Formularen im allgemeinen . . .		II-IV	250/51	4/5
Formulare: . . . . **AG.**				
Klage	Formular 1	—	375	129
Empfangsbekenntnis des Rechtsanwalts über eine Zustellung § 16 der Geschäftsanweisung	„ 2	—	377	131
Postzustellungsregister.	„ 3	—	379	133
Zustellungszeugnis (§ 194 Abs. 2 ZPO.)	„ 4	—	380	134
Ladungsformular, allgemeines. . . .	„ 5	—	381	135
Ladung der Partei, deren persönliches Erscheinen angeordnet ist	„ 6a	—	383	137
do. der Parteien zur mündlichen Verhandlung über die Leistung des in einem bedingten Endurteile festgestellten Eides	„ 6b	—	385	139
do. des Beklagten zur ersten mündlichen Verhandlung	„ 7a	—	387	141
do. des Gläubigers zur mündlichen Verhandlung über den Widerspruch gegen einen Arrest oder eine einstweilige Verfügung	„ 7b	—	389	143
do. des Schuldners zu dem zur Leistung des Offenbarungseides bestimmten Termine.	„ 8	—	391	145
Vermerk über den mündlich eröffneten Termin (§ 36 Abs. 1 Geschäftsanweisung)	„ 9	—	393	147
Bekanntmachung des Termines zur Verhandlung über den Einspruch an die nicht säumige Partei	„ 10a	—	395	149
do. des Termins zur Verhandlung über den Einspruch an die säumige Partei	„ 10b	—	397	151
Ladung der Zeugen und Sachverständigen	„ 11	—	399	153
Verzeichnis der anberaumten Termine .	„ 12	—	401	155
Versäumnisurteil und Kostenfestsetzungsbeschluß, die auf die Klageschrift gesetzt sind (§§ 59, 60, 70 GA.) . .	„ 13	—	403/04	157/58

F.		Justizministerial-Blatt §§	Justizministerial-Blatt Seite	Sonder-Abdruck Seite
Formulare:	**AG.**			
Verzeichnis der verkündeten und unterschriebenen Urteile	Formular 14	—	405	159
Aufforderung zur Einreichung der Kostenberechnung (§ 66 Geschäftsanweisung)	„ 15	—	407	161
Kostenfestsetzungsbeschluß	„ 16	—	409	163
Versäumnis- u. **Anerkenntnisurteils-Ausfertigung,** abgekürzte, die m. einer beglaubigten Abschrift d. Klagschrift od. des Zahlungsbefehls verbunden ist	„ 17a	—	411	165
Versäumnisurteilsausfertigung, abgekürzte, die auf eine beglaubigte Abschrift des Zahlungsbefehls gesetzt ist	„ 17b	—	413/14	167/68
Versäumnis- oder **Anerkenntnis-Urteils-**Ausfertigung, abgekürzt, durch Herstellung des vollen Urteils ohne Tatbestand und Entscheidungsgründe, § 75 Abs. 1 Nr. 2 Geschäfts-Anw. .	„ 18	—	415	169
Benachrichtigung des **Gläubigers** von Zustellung des Zahlungsbefehls . .	„ 19	—	417	171
Zahlungs- und **Vollstreckungsbefehl — Urschrift**	„ 20a	—	419/20	173/74
Zahlungsbefehl, Ausfertigung oder **Abschrift** zur Zustellung an den Schuldner	„ 20b	—	421	175
Widerspruch, Mitteilung an den Gläubiger und Bescheinigung für den Schuldner	„ 21	—	423	177
Ladung der Parteien zur mündlichen Verhandlung nach Erhebung des Widerspruchs gegen einen Zahlungsbefehl	„ 22a	—	425	179
Armenrechtsregister	„ 23	—	427/29	181/83
Namensverzeichnis hiezu	„ 24	—	431	185
Mahnregister (MR.)	„ 25	—	433/35	187/89
Namensverzeichnis hiezu	„ 26	—	437	191
Sühne-Register (SR.)	„ 27	—	439/41	193/95
Zivilprozeßregister	„ 28	—	443/45	197/99
Namensverzeichnis hiezu	„ 29	—	447	201
Nebenregister zum Zivilprozeßregister .	„ 30	—	449/50	203/04
Vollstreckungsregister	„ 31	—	451/53	205/07
Namensverzeichnis hiezu	„ 32	—	455	209
Schuldnerverzeichnis	„ 33	—	457	211
Kalender für mündliche Verhandlungen in bürgerl. Rechtsstreitigkeiten . .	„ 34	—	459/61	213/15
Aktentekturen, Prozeßakten	„ 35	—	463	217
do. Vollstreckungsakten . .	„ 36	—	463	217
Bekanntmachung der Konkurseröffnung	„ 37	—	465	219
Tabelle im Konkursverfahren	„ 38	—	467/69	221/23
Aktentekturen, Konkursakten	„ 39	—	470	224
Konkursregister	„ 40	—	471/73	225/26

F.		Justizministerial-Blatt §§	Justizministerial-Blatt Seite	Sonder-Abdruck Seite
Formulare: . . . . **LG.**				
Bekanntmachung des Termins zur mündlichen Verhandlung über die Berufung an den **Berufungskläger** .	Formular 1a	—	509	263
do. des Termins zur mündlichen Verhandlung über die Berufung an den **Berufungsbeklagten**	„ 1b	—	511	265
Verzeichnis der verkündeten und unterschriebenen Urteile	„ 2	—	513	267
Armenrechtsregister	„ 3	—	515/17	269/71
Namensverzeichnis hiezu	„ 4	—	519	273
Prozeßregister der Zivilkammer . . .	„ 5	—	521/23	275/77
Namensverzeichnis zum **Zivilprozeßregister**	„ 6	—	525	279
Statistische Tabelle für Ehe- und Entmündigungssachen	„ 7	—	527/29	281/83
Register für Berufungen in Zivilsachen	„ 8	—	531/33	285/87
Nebenregister zum Zivilprozeßregister .	„ } 9	—	535	289
do. „ Berufungsregister .	„ } 9			
Beschwerderegister für Zivilsachen . .	„ 10	—	537/39	291/93
Kalender für mündliche Verhandlungen in bürgerl. Rechtsstreitigkeiten und **über Beschwerden in Konkurssachen**	„ 11	—	541/43	295/97
Aktentekturen, Zivilkammer	„ 12a	—	545	299
do. Kammer f. HS. . . .	„ 12b	—	545	299
Formulare: . . . . **OLG.**				
Berufungsregister in Zivilsachen . . .	Formular 1	—	555/57	309/11
Beschwerderegister in Zivilsachen . . .	„ 2	—	559/61	313/15
Kalender für mündliche Verhandlungen in **bürgerl. Rechtsstreitigkeiten in der Berufungsinstanz**	„ 3	—	563/65	317/19
Register für Zustellungen von Amts wegen	„ 1	8	198/99, 225	4/5*, 31*
Zustellungsurkunden:			208/09,	14/15*,
a) Zustellung für gewöhnliche Fälle	„ 2	29 I-V	226	32*
b) „ an Gewerbetreibende	„ 3	29 I-V	208/09, 227	14/15*, 33*
c) „ an Unteroffiziere und Gemeine	„ 4	29 I-V	208/09, 228	14/15*, 34*
d) „ an Behörden, Gemeinden, Korporationen und Vereine (einschl. Handelsgesellschaften ꝛc.) . . .	„ 5	29 I-V	208/09, 229	14/15*, 35*
e) „ an Rechtsanwälte, Notare und Gerichtsvollzieher	„ 6	29 I-V	208/09, 230	14/15,* 36*
Die Formulare 2—6 werden in der gleichen Weise und in demselben Formate wie die Postzustellungsurkunden, jedoch auf hellgrünes Papier gedruckt.				
Forstrügesachen, Zustellungen in Forstrügesachen . . .		3, 59/66	196, 218/20	2*, 24/26*

F.	Justizministerial-Blatt §§	Justizministerial-Blatt Seite	Sonder-Abdruck Seite
Fortsetzung der Verhandlung, Terminsbekanntgabe .	37 II/38	277/78	31/32
Freiwillige Gerichtsbarkeit, Zustellung v. A. w. . . .	2	196	2*
Fremde, Zustellung an Fremde	25	207	13*
G.			
Gebrauchsmuster, Mitteilung von Zivilurteilen an das kaiserl. Patentamt in Berlin	17	483	237
Gefangene, an solche kann nicht durch die Post zugestellt werden	21 II	267	21
Gefangene, Sendung an Gefangene Zust. v. A. w. durch die Post ausgeschlossen	7 II	197	3*
Gefangene, Vorlesung des Schriftstücks § 35 Abs. 3 StPO.	57 I	217	23*
do. Zustellung an Gefangene außerhalb Bayerns	72	222	28*
do. Zustellung an Gefangene im Gefängnis . .	69	221	27*
Gefängnisse der Militärverwaltung, Zustellung an Unteroffiziere und Gemeine des aktiven Heeres . . .	71	222	28*
Gegner, Benachrichtigung des G. §§ 733, 795, 797 ZPO. Art 130, 136 AG. z. ZPO.	42 8	280	34
Gegner, Mitteilung des Schriftsatzes § 73 Abs. 2 ZPO. .	43 1	280	34
do. „ der Erlaubnis § 188 ZPO. . . .	43 2	280	34
Geldbeträge, Uebersendung — Unterschrifts-Beglaubigung	129 II	328	82
Gemeinschuldner, Sendung bei Briefsperre, Zustellung	21 II	267	21
do. Zustellung an Gemeinschuldner durch Aufgabe zur Post	7 II	197	3*
Gemeindevorsteher, Niederlegung von Schriftstücken § 182 ZPO.	50 IV	283/84	38
Gemeindevorsteher, Zustellung § 184¹ ZPO.	23	206/07	12/13*
Gerichtliche Verhandlungen, Vorbereitung . . **AG.**	51	286	40
do. „ . . **LG.**	18	484	238
Gerichtsdiener, Niederlegung von Schriftstücken § 182 ZPO.	50	283/84	37/38
do. Zustellungen durch Gerichtsdiener . . .	6	197	3*
Gerichtssiegel, Protokolle	55 VIII	289	43
do. Urschriften	57 II	289	43
do. Ausfertigung, Auszüge	75, 78	298, 300	52, 54
Gerichtsschreiber, Verantwortlichkeit für Protokollinhalt	55 I	287	41
do. Unterschrift	55 VIII, 57 I	289	43
do. Dienst eines Dollmetschers	55 VI	289	43
Gerichtsvollzieher: Ernennung eines G. zur Uebernahme der vom Drittschuldner herauszugebenden Gegenstände §§ 818, 854, 855 ZPO., hier Abholung der Entscheidung durch Antragsteller	45 I Ziff. 4	281	35

G.	Justizministerial-Blatt §§	Justizministerial-Blatt Seite	Sonder-Abdruck Seite
Gerichtsvollzieher:			
Führung des Registers für Zustellungen v. A. w. . .	—	237	43*
Gerichtsvollzieher als Gehilfe des Gerichtsschreibers .	—	237	43*
Handeln unter eigener Verantwortlichkeit	—	237	43*
Niederlegung von Schriftstücken	50	283/84	37/38
Zustellungen v. A. w. durch GV.	—	237	43*
Gesamtgut, vollstreckbare Ausfertigung	110^{9-11}	316/17	70/71
Geschäftsanweisung für die Gerichtsschreibereien in Zivilsachen . . . . **AG.**	1/204	253 bis 473	7/227
Geschäftsanweisung für die Gerichtsschreibereien in Zivilsachen . . . . **LG.**	1/61	475 bis 545	229/99
Geschäftsanweisung für die Gerichtsschreibereien in Zivilsachen . . . . **OLG.**	1/13	547/65	301/19
Geschäftsanweisung für Gerichtsvollzieher	—	231	37*
Geschäftsaufgabe der Gerichtsvollzieher	—	237	43*
Geschmacksmuster, Mitteilung von Zivilurteilen an das kaiserliche Patentamt Berlin W. . . . . **LG.**	17	483	237
Gesellen, Zustellung an solche	21	206	12*
Geständnisse, Feststellung im Sitzungsprotokolle . . .	55^{V}	288	42
Gesuche, Anträge und Erklärungen zu Protokoll . **AG.**	1/2	253/55	7/9
do. " " " " " . **LG.**	1/2	475/76	229/30
Gewerbetreibende, Zustellung an solche	21	206	12*
Gewerbegehilfen, " " "	10, 21	200/06	6*, 12*
Gewerbegericht, hier Führung des Berufungsregisters	39	494	248
do. " " " Beschwerderegisters	46	499	253
do. Kosten der Berufungsinstanz, Festsetzung	22	485/86	239/40
do. Urteil — Zeugnis § 706 II ZPO. . .	20	485	239
Gewicht, Schriftstücke von über 250 gr	21^{II}	267	21
Gleichlautsbescheinigung bei Ausfertigungen	77	300	54
Gottesdienst, Zustellung während des G.	27	208	14*
Grundbuchsachen, Zustellung v. A. w.	2, 44	196, 213	2*, 19*
Gutachten der Sachverständigen, deren Niederlegung . .	47^{I}	282	36
Gütergemeinschaft allgemeine, vollstr. Ausfertigung . .	110^{9-11}	316/17	70/71
H.			
Haftbefehl, § 908 ZPO. hier Abholen der Entscheidung durch Antragsteller	45^{5}	281	35
Haftbefehl, § 114 Abs. 3 Strafprozeßordnung	57^{2}	217	23*
Handelsgeschäft, vollstreckb. Ausfertigung	110^{5}	316	70
Handelskammer, Prozeßregister	43	496	250/51
do. Berufungsregister	43	497	—
do. Beschwerderegister	46^{V}	499	253
Handzeichen, dessen Beglaubigung bei Protokollaufnahme	3^{IV}	256	10

	Justizministerial-Blatt §§	Justizministerial-Blatt Seite	Sonder-Abdruck Seite
H.			
Hauptverhandlung in Strafsachen, Ladung § 215 Abs. 2 StPO.	57³	217	23*
Hausnummer, Bezeichnung derselben — Zust. v. A. w.	10	200	6*
Hauswirt, Zustellung an Hauswirt	26	207	13*
Hebung, äußerer Mängel des Schriftstücks	20 II	266	20
Heften von Entscheidungen und sonstigen Aktenstücken	55 IV, 165 III	288, 355	42, 109
Hinterlegungsquittung, deren Zustellung § 751 Abs. 2 ZPO.	10 III	260	14
Hydrotechnisches Bureau in München, Mitteilung von Zivilurteilen	17	484	238
Hypothekurkunden, vollstreckbare Ausfertigung	114 10	321	75
Hypothekensachen, Zustellung v. A. w.	45	213	19*
J.			
Inhaber, Handelsgeschäft, vollstreckbare Ausfertigung	110⁵	316	70
Inhalt der Zustellungs-Urkunde	29	208/09	14/15*
Interventionen, Protokolle	1 II	253/54	8
Inventar und Bilanz im Konkursverfahren	186	364	118
Inventuren im Konkursverfahren	188	366	120
Justizministerium, Mitteilung von Zivilurteilen in Rechtsstreitigkeiten zwischen einem Kartell, Ring, Syndikat 2c. 2c.	17	484	238
K.			
Kalender für mündliche Verhandlungen **AG.**	160/62	349/53	103/07
do. " " " **LG.**	49/53	501/05	255/59
do. " " " in der Berufungsinstanz **OLG.**	10	552/53	306/07
Kalender für mündliche Verhandl., Einbinden der K. **AG.**	160 IV	350	104
do. " " " " " " **LG.**	49	501	255
do. " " " " " " **OLG.**	10	552	306/07
Kalendertag, vollstreckb. Ausfertigung	107 II	314	68
Kammer für Handelssachen bei einem Amtsgericht — geschäftliche Behandlung	173	358	112
Kanzleiexpeditoren, Entscheidungen derselben über Kostenfestsetzungsbeschlüsse	67	294/95	48/49
Kaufgeldrückstand, Zwangsvollstreckung	118	323	77
Kaufmannsgericht, Berufungsregister **LG.**	39	494	248
do. Beschwerderegister **LG.**	47	499	253
do. Zeugnis § 706 II ZPO. **LG.**	20	485	239
do. Festsetzung der Kosten in der Berufungsinstanz **LG.**	22	485/86	239/40
Kinder, unerwachsene, Zustellung	25	207	13*

K.	Justizministerial-Blatt §§	Justizministerial-Blatt Seite	Sonder-Abdruck Seite
Kindschaftssachen, Benachrichtigung d. Staatsanwaltschaft	16	482	236
Klage, deren Zustellung, § 498 Abs. 1 ZPO.	7 II	259	13
Klagszurücknahme § 271 ZPO.	1	254	8
Kommis, Zustellung	21	206	12*
Konkursakten	199	371	125
do.	203	373	127
Konkurssachen	174 bis 204	359/73	113/27
Konkursverfahren:			
1. Anmeldungen	175	359	113
2. Anträge	174/75	359	113
3. Auszüge u. vollstr. Ausfertigungen aus der Tabelle	196/97	369/70	123/24
4. Bekanntmachungen	178/80	360/61	114/15
5. Bücherschluß	187	365	119/20
6. Erklärungen	174/75	359	113
7. Inventuren	188	366	120
8. Konkurstabelle	189/93	367/68	121/22
9. Konkursregister	200/02	372	126
10. Mitteilungen	182/85	362/64	116/18
11. Niederlegungen	186	364/65	118/19
12. Protokolle	176/77	360	114
13. Siegelungen	188	366	120
14. Statistik	204	373	127
15. Zustellungen	181/82	361/62	115/16
16. "	2,4/13	196 bis 202	2/8*
Kontradiktorische Verhandlung, Begriff, Kalender **AG.**	162 IV	351	105
do. " " **LG.**	51 V-VI	502/03	256/57
Konzipienten, Zustellung § 183 Abs. 2 ZPO.	22	206	12*
Kopfteile, Verurteilung, Ausfertigung	109	315	69
Korporationen, " § 184^{1} ZPO.	23	206/07	12/13*
Kosten, Mitteilung des Betrags	42 II 1	279	33
Kostenfestsetzungsbeschluß, Ausfertigung u. Zustellung	69/72	295/97	49/51
do. vollstreckb. Ausfertigung	114^{3}, 115	320/21	74/75
do. Zustellung	10 II	260	14
Kostenfestsetzungsgesuche, §§ 103, 78^{2} ZPO. **AG.**	1	253	7
do. §§ 103, 78^{2} ZPO. **LG.**	1	475	229
Kostenfestsetzungsverfahren **AG.**	63/73	293/98	47/52
do. **LG.**	22	485/86	239/40
Kosten, deren Nachnahme	45 III	281	35
L.			
Laden, Zustellung, § 183 Abs. 1	21	206	12*
Ladenmädchen, Zustellung, § 183 Abs. 1	21	206	12*
Ladung, Angeklagter zur Hauptverhandlung § 215 Abs 2 StPO.	57^{3}	217	23*

L.	Justizministerial-Blatt §§	Justizministerial-Blatt Seite	Sonder-Abdruck Seite
Ladung, Beamte öffentliche, dann Militärpersonen . . .	41	279	33
do. Parteien, Zeugen, Sachverständige . . . **AG.**	30/41	273/79	27/33
do. „ „ „ . . . **LG.**	10/12	479/81	233/35
do. § 497 Abs. 1 Satz 3 ZPO.	7 II	259	13
do. § 141 Abs. 2 ZPO.	34 II	276	30
do. der Parteien nach Erhebung des Widerspruchs gegen Zahlbefehl	97 IV	307	61
Ladung, Ausfertigung und Zustellung	31	274	28
Ladung, Formulare oder Stempel-Verwendung	31 III	274	28
Ladungsfrist, Abkürzung, Mitteilung, § 226 Abs. 3 ZPO.	43 3	280	34
Ladungsfristen, §§ 217, 604, 696 ZPO.	35 I-II	276	30
M.			
Mahnregister (MR.), dessen Führung	133/37	330/33	84/87
Mahnverfahren	83/97	302/07	56/61
do. Vermerk auf Unzuständigkeit u. Einrede §§ 504 Abs. 2, 697 Abs. 1 ZPO.	54	287	41
Mängel, äußere, des Schriftstücks, deren Hebung . . .	20 II	266	20
Marine, aktive, Ladung einer der aktiven M. angehörenden Person	41	279	33
Meistbietender, §§ 132, 81 Abs. 4 ZwVG., Zwangsvollstr.	118	323	77
Meß- und Marktsachen, Prozeßregisterführung . . .	144 VII	338	92
Mieter, Zustellung an solche	25 III	207	13*
Militärgerichtliche Strafsachen, Zustellung in solchen	67/68	220/21	26/27*
Militärpersonen, Ladung als Zeugen u. Sachverständige	41 II	279	33
Militärverwaltung, Zustellung an Unteroffiziere und Gemeine, die sich in einem Gefängnisse der Militärverw. als Gefangene befinden	71	222	28*
Mitteilungen und Behändigungen . . . . . **AG.**	42/45	279/81	33/35
do. . . . . . **LG.**	13/17	481/84	235/38
Mitteilungen, vom Aufgebote an den Eigentümer, §§ 986, 988 ZPO.	42 9	280	34
Mitteilungen, Abkürzung der Einlassungsfrist § 226 Abs. 3 ZPO.	43 3	280	34
Mitteilungen, einfache M.	42/43	279/80	33/34
do. formlose M.	35 II, 51	276/86	30/40
do. im Konkursverfahren	182/85	362/64	116/18
do. an Nachbarn, Niederlegung von Schriftstücken, § 182 ZPO.	20	205/06	11/12*
Mitteilungen, Portoablösung	44	280	34
do. des Schriftsatzes, § 73 Abs. 2 ZPO. . .	43 Ziff. 1	280	34
do. Zustellung zur Nachtzeit, dann an Sonn- u. Feiertagen, § 188 ZPO.	43 3	280	34

M.	Justizministerial-Blatt §§	Justizministerial-Blatt Seite	Sonder-Abdruck Seite
Mitteilungen, Zustellung des Zahlbefehls	88 II	304	58
do. Widerspruch gegen Zahlbefehl	90, 97 II	304/07	58/61
do. Zivilurteile	17	483/84	237/38
Mündliche Verhandlung, Vorbereitung . . . . **AG.**	51	286	40
do. " . . . . **LG.**	18	484	238
Muster für abgekürzte Versäumnisurteile	—	403/13	157, 167/68
N.			
Nacherben, vollstreckbare Ausfertigung	110 2	315	69
Nachlaßgegenstände, vollstreckbare Ausfertigung	110 12	317	71
Nachnahmesendung, Zustellung durch die Post	7 II, 21 II	197, 267	3*, 21
Nachnahme der Kosten für Entscheidungen	45 III	281	35
Nachsendungsvermerk bei Zustellungen	35	211	17*
Nachtzeit, Erlaubnis der Zustellung zur N. § 188 ZPO.	43 2	280	34
do. Abholung der Entscheidung §§ 188, 761 ZPO.	45 1. 2	280/81	34/35
do. Zustellungen zur N.	27	208	14*
do. Zustellungen in Strafsachen zur N.	55 III	217	23*
Namensverzeichnisse alphabetische, unter A „alph. Namensverz." aufgeführt.			
Nebenintervenient, dessen Beitritt §§ 70, 72—75 ZPO.	7 II	259	13
do. dessen Ladung	33 II	275	29
Nebenregister zum Zivilprozeßregister . . . . . **AG.**	149	341/42	95/97
do. " " . . . . . **LG.**	44	497/98	251/52
do. " " . . . . **OLG.**	7	551	305
Nichtbayerische deutsche Justizbehörde, Ersuchen um Zustellung an Gefangene	72	222	28*
Nichtigkeit und Restitutionsklage, Eintrag in Proz.-Reg. . . . . **AG.**	145 II	339	93
Nichtigkeit und Restitutionsklage, Eintrag in Proz.-Reg. . . . . **LG.**	29 II	489	243
Niederlegung von Schriftstücken bei Gericht . . . **AG.**	46/50	281/86	35/40
do. " " " " . . . **LG.**	9	478	232
do. " " gemäß § 182 ZPO.	50	283	37
do. " " " § 182 " durch Gerichtsdiener	19/20	204/06	10/12*
Niederlegung von Schriftstücken bei a) Adjunkten, b) Bürgermeistern, c) Bürgermeisterstellvertretern, d) Distriktsvorstehern, e) Gemeindeausschußmitgliedern } § 182 ZPO.	19 I-V	204/05	10/11*

N.	Justizministerial-Blatt §§	Justizministerial-Blatt Seite	Sonder-Abdruck Seite
Niederlegung von Schriftstücken bei f) Gemeindevorstehern, g) Gerichtsschreibern, h) Ortsführern, i) Postanstalten } § 182 ZPO.	19 I-V	204/05	10/11*
Niederlegung von Schriftstücken, § 182 ZPO., hier deren Zurücklieferung	20 II	205/06	11/12*
Niederlegung des Teilungsplanes, Zwangsvollstreckung in bewegl. und unbewegl. Vermögen	48 I-II	282/83	36
Niederlegung im Konkursverfahren	186	364/65	118/19
Nießbrauch / **Nießbraucher** } vollstreckbare Ausfertigung	110⁶ / 110⁷	316	70
Notare, Zustellung an N.	22, 74 IV	206, 223	12*, 29*
Notfrist, Wahrung, Zustellung, § 166 II ZPO. . . **LG.**	6 II	477	231
O.			
Obergericht, Gesuche, Anträge u. Erklärungen zu Protokoll des Gerichtsschreibers	2 IV	255	9
Oberlandesgerichte, Geschäftsanweisung f. die Gerichtsschreibereien in Zivilsachen	1/13	547/65	301/19
Obliegenheiten des Gerichtsschreibers bei Zustellungen u. A. w.	12/17	261/64	15/18
Offen, übergebene Schriftstücke an den Gerichtsdiener, deren Zustellung	49 III	215	21*
Offenbarungseid, Eidessatz im Protokoll	55 IV	288	42
do. Ladung des Schuldners	32 III	274	28/29
do. Ladung zum Termine	10 VI	261	15
Oeffentliche Beamte, Ladung als Zeugen und Sachverständige	41	279	33
Oeffentliche Bekanntmachung im Konkursverfahren	178/80	360/61	114/15
Oeffentliche Zustellung . . . **AG.**	25/29	271/73	25/27
do. . . . **LG.**	8	478	232
do.	41	212	18*
Oeffnung der auf der Gerichtsschreiberei niedergelegten Schriftstücke § 182 ZPO.	50 V	285	39
P.			
Parteien, deren Ladung . . . **AG.**	30/39	273/78	27/32
do. „ „ . . . **LG.**	10/11	479/81	233/35
Patentamt, kaiserliches in Berlin, Mitteilung von Zivilurteilen an solches	17	483	237
Patentgesetz, Mitteilung v. Urteilen auf Grund des PG.	17	483	237
Pfändungs- oder Ueberweisungsbeschluß, Zustellung an Schuldner bzw. Drittschuldner	24	271	25

P.	Justizministerial-Blatt §§	Justizministerial-Blatt Seite	Sonder-Abdruck Seite
Polizeivorsteher, Niederlegung v. Schriftstücken, § 182 ZPO.	50	283/84	37/39
do. „ „ „ § 182 „	19	204/05	10/11*
Portoablösung bei einfachen Mitteilungen	40/42, 44	279/80	33/35
do. Zurücksendung nicht abgeholter niedergelegter Schriftstücke, § 182 ZPO.	50 V	285	39
Portoablösung bei Zustellungen v. A. w. durch die Post	74 I	223	29*
Portoauslagen für Zustellungen v. A. w.	74 II	223	29*
Portopflichtige Dienstsache, Rückgabe niedergelegter Schriftstücke	50 V	285	39
Post, Zustellungen v. A. w. durch die Post	6	197	3*
do. „ „ „ „ „ Aufgabe zur Post . .	7	197	3*
do. Uebersendung von Entscheidungen durch die Post unter Kostennachnahme	45 III	281	35
Postbote, Ausführung der Zustellungen durch Postboten	37	211	17*
do. Niederlegung von Schriftstücken	50	283/84	37/38
Postbriefkasten, Einwurf der Briefe zur Zustellung . .	23 4	269/70	23/24
do. „ „ „ „ „ . .	36	211	17*
Postgebühren bei einfachen Mitteilungen	42/44	279/80	33/34
Postkarte, Uebersendung von Bekanntmachungen . . .	51	215	21*
do. Mitteilung im Kostenfestsetzungsverfahren . .	72 II	297	51
Postlagernd, Sendungen mit diesem Vermerke	7 II	197	3*
Postschalter, Einlieferung zuzustellender Schriftstücke . .	36	211	17*
do. Ablieferung der Briefe zur Zustellung . .	23 4	269/70	23/24
Postsendungen mit der Bezeichnung „Einschreiben“ . .	49	214	20*
Postzustellungsregister, dessen Führung	23	268/70	22/24
Postzustellungsurkunden, deren Bestellung bei der Post	33 II	211	17*
Privatversicherungen, Kaiserl. Aufsichtsamt, Mitteilung v. Zivilurteilen	17	484	238
Prozeßbevollmächtigte, Ladung, Zustellung	34	275/76	29/30
Prozeßregister . . . . **AG.**	141/48	335/41	89/95
do. . . . . **LG.**	25/32	487/89	240/45
do. und Berufungsregister für Kammern f. Handelssachen	43	496/97	250/51
Prüfung der Rechtskraft der Urteile	99, 105	308, 313	62, 67
do. der Zustellungsurkunden	32, 37 III	210, 212	16*, 18*
do. „ „ in Strafsachen . . .	55	216/17	22/23*
Protokolle, allgem. Vorschriften	55 II	288	42
Protokolle über die gerichtl. Verhandlungen . . . **AG.**	53/56	287/89	41/43
do. „ „ „ „ . . . **LG.**	18	484	238
Protokolle, Gerichtssiegel	55 VIII	289	43
Protokoll, bei Gesuchen um Zahlbefehle	84	302	56

P.	Justizministerial-Blatt §§	Justizministerial-Blatt Seite	Sonder-Abdruck Seite
Protokolle vor dem Konkursgerichte	176	360	114
Protokolle, Unterschriften, § 163 ZPO.	55 ^{VIII}	289	43
Protokollführer, §§ 159, 165 ZPO.	53	287	41
do. als Dollmetscher	55 ^{VI}	289	43
Q.			
Querlinien für Register, sonstige Verzeichnisse und Kalender	—	252 ^{V}	6
R.			
Radierungen in Zustellungsurkunden	30 ^{III}	210	16*
Räumung und **Herausgabe** (Zwangsvollstreckung) . .	118 ^{I}, 119 ^{I}	323	77
Räumungsbefehl (vollstreckb. Ausfertigung)	114 ^{8}, 117 ^{I}	321/23	75/77
Rechnungsfehler, Berichtigung	62, 79 ^{II}	292, 301	46, 55
Rechtsanwalt, Verurteilung, § 135 ZPO. (vollstreckb. Ausfertigung)	114 ^{4}	320	74
Rechtsanwalt, Zustellung an RA.	22	206	12*
do. " " " § 496 ^{4} ZPO.	16	263	17
Rechtshilferegister (R.), Eintrag	2	254	8
do. " "	7 ^{IV}	198	4*
do. " "	68 ^{II}	220/21	26/27*
Rechtskraftzeugnisse . . . . **AG.**	98/100	308/11	62/65
do. . . . . **LG.**	20/21	485	239
do. Abholung durch Antragsteller . .	45 ^{II}	281	35
Rechtsnachfolger, vollstreckb. Ausfertigung	110 ^{1}	315	69
Rechtspraktikanten, Kostenentscheidungen	67	294/95	48/49
Register für Berufungen in Zivilsachen . . . **LG.**	36/43	493/97	247/51
do. " " . . **OLG.**	3/6	547/50	301/04
Register für Zustellungen von Amts wegen	8	198	4*
Reichsanzeiger, Veröffentlichung amtlicher Bekanntmachungen . . . . **AG.**	26, 178 ^{II}	272, 361	26, 115
Reichsanzeiger, Veröffentlichung amtlicher Bekanntmachungen . . . . **LG.**	8	478	232
Restitutions- und Nichtigkeitsklage, Register-Eintrag **AG.**	145 ^{II}	339	93
do. " " " " **LG.**	29 ^{II}	489	243
Rheinschiffahrtsgericht	144 ^{VII}	338	92
Rheinschiffahrtssachen	42	496	250
Rückgabe niedergelegter Urkunden	47 ^{II}	282	36
do. einer Sicherheit, Gesuch . . . . **AG.**	1	253	7
do. " " " . . . . **LG.**	1	475	229
Rücksendung der Akten an das Gericht erster Instanz § 544 ^{II} ZPO.	41	495/96	249/50

S.		Justizministerial-Blatt §§	Justizministerial-Blatt Seite	Sonder-Abdruck Seite
Sachverständige, Gesuche, Anzeigen 2c.	**AG.**	1	253	7
do. " " "	**LG.**	1	475/76	229/30
do. Niederlegung von Gutachten . .	**AG.**	47 I	282	36
do. " " " . .	**LG.**	9	478	232
do. **Ladung**	**AG.**	40/41	278/79	32/33
do. **do.**	**LG.**	12	481	235
Sammelakten zu: Armenrechtsregister	**AG.**	131 II	330	84
do. "	**LG.**	23	486	240
do. Beschwerderegister	**LG.**	59 IV-V	508	262
do Mahnregister		135	332/33	86/87
do. niedergelegte Schriftstücke		50 II	283/84	37/38
do. Schiedssprüchen, § 1039 ZPO.	**AG.**	49	283	37
do. " § 1039 "	**LG.**	9 V	479	233
Sekretariatsaspiranten, geprüfte: Entscheidungen derselben über Kostenfestsetzungsgesuche		67	294/95	48/49
Sequester, Abholen der Entscheidung		45 4	281	35
Sicherheitsleistung, § 713 ZPO.		106	313/14	67/68
Sicherung des Beweises, Gesuche	**AG.**	1	253	7
do. "	**LG.**	1	476	230
do. Zustellungen		7 II	259	13
do. Ladung		33 III	275	29
Siegel-Schnur bei Urteilen		58 I-III	289/90	43/44
Siegelungen im Konkursverfahren		188	366	120
Sitzungszimmer, Aushang des Verzeichnisses		52 II	287	41
Soldatenstand, Ladung von Personen des S.		41	279	33
Sonn- und Feiertage, Abholung von Entscheidungen nach §§ 188 u. 761 ZPO.	**AG.**	45 I	280/81	34/35
Sonn- und Feiertage, Abholung von Entscheidungen nach §§ 188 u. 761 ZPO.	**LG.**	14	428	236
Sonn- und Feiertage, Zustellung an solchen		43 2	280	34
do. Zustellungen durch Gerichtsdiener		27	208	14*
do. " durch die Post . .		34	211	17*
do. " in Strafsachen . .		55 III	217	23*
Sonstige Mitteilungen	**AG.**	42, 45	279/81	33/35
do.	**LG.**	13, 17	481/84	235/38
Sühneregister (SR.)	**AG.**	138/40	333/35	87/89
Sch.				
Schiedssprüche, Zustellung		8 III	260	14
do. Niederlegung	**AG.**	49	283	37
do. "	**LG.**	9 V	479	233

Sch.	Justizministerial-Blatt §§	Justizministerial-Blatt Seite	Sonder-Abdruck Seite
Schließungsvermerk, Bücherschluß, Konkurs . . .	187	365/66	119/20
Schlußrechnung im Konkursverfahren . . . . . . } **Schlußverteilung** im Konkursverfahren . . . . . . }	186 8	365	119
Schnur und Siegel bei Urteilen	58	289	43
Schreiber, Zustellung an solchen	22	206	12*
Schreibfehlerberichtigung	62 I, 79 II	292, 301	46, 55
Schreibgebühren für:			
1. Einspruchsschriftsätze	37 I	276/77	30/31
2. Einspruch gegen Vollstreckbefehl	96	307	61
3. Abschriften auf Antrag	46 II	281/82	35/36
4. Ausfertigungen und Abschriften	14 I-III, 19 I	262/65	16/19
5. Anträge im Offenbarungseid	32 III	274/75	28/29
6. im Kostenfestsetzungsverfahren	64, 68	293/95	47/49
Schreibgebührenvorschuß	81 II	301	55
Schrift mit Durchschlag hergestellte, schlechtleserliche . .	14 III	262	16
Schriftliche Gutachten, § 411 ZPO. . . . . . **AG.**	47 I	282	36
do. § 411 „ . . . . . **LG.**	9 I	478	232
Schriftsätze, Zustellung	7 II	259	13
do. Mitteilung	43 I	280	34
Schriftstücke, Einreichung, Niederlegung . . . . **AG.**	46/50	281/86	35/40
do. „ „ . . . . **LG.**	9	478/79	232/33
do. Hebung äußerer Mängel	20 II	266	20
do. deren Aufbewahrung . . . . . . **AG.**	165 IV	356	110
do. „ „ . . . . . . **LG.**	55 V	506	260
do. deren Gewicht 250 g übersteigt, Zustellung	7 II, 21	197, 267	3*, 21
Schuldnerverzeichnis	156	347	101
St.			
Staatsanwalt, als Beklagter; Eintrag in Prozeßregister . . . . **LG.**	27 II	487	241
Staatsanwalt, Urteilsausfertigung in Ehesachen . . } **do.** Mitteilung von Terminen . . . . }	16 I	482/83	236/37
Staatserziehungsanstalt, Zustellung an Personen, die dort untergebracht sind	73	223	29*
Staatsministerium der Justiz, Mitteilung von Zivilurteilen	17	484	238
Standesbeamte, Urteil in Ehesachen	16 II	483	237
Statistische Buchstaben . . . . **AG.**	144/45	336/39	89/92
do. . . . . **LG.**	28/29	487/90	241/44
do. . . . . **OLG.**	4/5	548/49	302/03
Statistische Zählkarten, Konkursstatistik	204	373	127

St.	Justizministerial-Blatt §§	Justizministerial-Blatt Seite	Sonder-Abdruck Seite
Statistische Tabelle in Ehe- u. Entmündigungssachen **LG.**	33/35	492/93	246/47
Stempel, Verwendung von St. zu:			
Ladungen	31	274	28
Versäumnisurteilen	59	290/91	44/45
Zustellungen	9	200	6*
Vermerken bei Zustellungen	51	215	21*
Strafanstalt, Zustellung an Gefangene in solcher . . .	70	221/22	27/28*
Strafantrittsbefehle ꝛc. in Forstrügesachen	59/66	218/20	24/26*
Strafgefangene, Zustellung § 35 Abs. 3 StPO. . . .	57 I	217	23*
Strafsachen, Zustellung v. A. w.	54/58	216/18	22/24*
Strafsachen und Forstrügesachen, Zustellung v. A. w.	3	196	2*
Strafsachen, militärgerichtliche, Zustellung v. A. w. . .	67/68	220/21	26/27*
Straßen- und Hausnummer-Bezeichnung, Zustellung v. A. w.	10	200	6*
Streichung der abgekürzten Urteilsformel	59 III	291	45
Streitgegenstand im Kostenfestsetzungsverfahren . . .	68⁴	295	49
Streitgenossen, Ladung	33 II	275	29
Streitverkündigung, Protokoll	1	254	8
do. Mitteilung	43¹	280	34
do. Zustellung	7 II	259	13
T.			
Tabellen im Konkursverfahren	189/94	367/69	121/23
Tatbestandsberichtigung	62, 79 II	292, 301	46/55
Teilungsplan, Niederlegung	48 I-II	282/83	36/37
do. § 118 ZVG. — Zwangsvollstreckung . .	120 I	324	78
Termine, Bekanntgabe	37/38	276/78	30/32
do. mündliche Verhandlung . . . . **LG.**	11	479/80	233/34
do. Aushändigung an Antragsteller . . . **LG.**	14	482	236
Testamentsvollstrecker, vollstreckbare Ausfertigung . .	110³, 110 ¹²	316	71
Trockenschrift bei Zustellungen	30	209	15*
U.			
Uebernehmer einer Schuld (vollstreckb. Ausfertigung) .	110⁴	316	70
Ueberschrift bei Ausfertigungen	77	300	54
Uebersendung von Geldbeträgen und Erhebungsanweisungen	127/29	327/28	81/82
Ueberweisungsbeschluß, Zustellung	10 IV, 24	260, 271	14/25
Umschlag zum Namensverzeichnis des Armenrechtsregisters . . . . **AG.**	130 VIII	329	83

U.	Justizministerial-Blatt §§	Justizministerial-Blatt Seite	Sonder-Abdruck Seite
Umschlag zum Namensverzeichnis des Armenrechtsregisters . . . . LG.	23 II	486	240
Umschlag zum Nebenregister der Zivilprozeßregister AG.	149	341	95/97
do. " " " " LG.	44	497	251/52
do. zu Schriftstücken . . . . AG.	165 IV	356	110
do. " " . . . . LG.	55 V	506	260
Unbewegliches Vermögen, Teilungsplan, Niederlegung	48 II	282/83	36/37
Unrichtigkeiten, Berichtigung	62, 79 II	292 bis 301	46/55
Unterschrift auf Schriftstücken	20 II	266	20
do. auf Protokollen	55 VIII	289	43
Unterschriftsbeglaubigung	129 II	328	82
Untersuchungs- oder Strafgefangene, Zustellung . .	57	217	23*
Unzuständigkeit, § 504 Abs. 2 ZPO. — Protokoll, Vermerk	54	287	41
Urkunden ꝛc. ꝛc. Verwahrung, Rückgabe . . . . AG.	47	282	36
do. " " " " . . . . LG.	9 III-IV	479	233
Urschrift der Berufungsschrift	9 II	478	232
do. der Einspruchsschrift	19 II	265	19
do. der Urteile und andere Entscheidungen . . .	57 II	289	43
do. der Vollstreckungsbefehle	19 II	265	19/20
do. Zeitvermerk der Uebergabe § 169 Abs. 2 ZPO.	20 I	266	20
do. Entscheidungen die der Antragsteller abzuholen hat	45 I	280/81	34/35
Urteile in abgekürzter Form	58 I-III	289/90	43/44
do. " " " Ausfertigung	75	298/99	52/53
Urteile, Beschlüsse, Verfügungen . . . . AG.	57/62	289/93	43/47
do. " " . . . . LG.	19/21	485	239
Urteile in Ehe und Kindschaftssachen . . . . . LG.	4 5	477	231
Urteile, Verkündungsvermerk . . . . AG.	60	291	45
do. " . . . . LG.	19	485	239
Urteilsverzeichnis . . . . AG.	61	292	46
do. . . . . LG.	19 II	485	239
Urteilszustellung auf Parteibetrieb	7 III	259	13
V.			
Verantwortlichkeit des Gerichtsschreibers	55 I	287	41
Veräußerung niedergelegter Schriftstücke	50 V	285	39
Verein, Zustellung	23	206/07	12/13*
Verfügungen, Urteile Beschlüsse . . . . AG.	57/62	289/92	43/47
do. " " . . . . LG.	19/21	485	239
Vergleiche in Sühnesachen — Sammlung	140 II	335	89
Verhandlungen, gerichtliche Protokolle, ... AG.	53/56	287/89	41/43
do. " " . . . . . . LG.	18	484	238

V.	Justizministerial-Blatt §§	Justizministerial-Blatt Seite	Sonder-Abdruck Seite
Verhandlungen, gerichtliche Protokolle, Vorbereitung AG.	51	286	40
do. " " " LG.	18	484	238
do. Terminsbekanntgabe	37 II	277	31
Verkündungsvermerk . . . . AG.	60	291	45
do. . . . . LG.	19 I	485	239
Vermerk zu den Akten § 497 Abs. 2 ZPO.	36	276	30
do. der Anheftung und Abnahme §§ 204—206 ZPO.	26 III	272	26
do. im Protokolle über Belehrung §§ 502, 504 ZPO.	54	287	41
do. auf der Urschrift des zuzustellenden Schriftstücks	9	199	5*
do. auf dem Umschlag des Briefes	37 I	211	17*
do. bei Aufgabe zur Post	40	212	18*
Vermieter, Zustellung an solchen	26	207	13*
Vermittelung der Zustellung auf Parteibetrieb . AG.	18/24	265/71	19/25
do. " " " " . LG.	7	477/78	231/32
Vernichtung von auf der Gerichtsschreiberei niedergelegten Schriftstücken	50 V	285	39
Versäumnis- oder Anerkenntnisurteil, abgekürzte Form, Bezeichnung, Fertigung, Protokoll, Vermerk, Stempelbenützung . . . . AG.	55, 57/59	287, 289/91	41, 43/45
Versäumnis- oder Anerkenntnisurteil, abgekürzte Form, Bezeichnung, Fertigung, Protokoll, Vermerk, Stempelbenützung . . . . LG.	19	485	239
Versäumnis-Urteil, Zustellung	18 III	265	19
Versendung von Akten . . . . AG.	170	357	111
do. . . . . LG.	61	508	262
do. . . . . OLG.	13	554	308
Verteilungsverfahren, Teilungsplan, Niederlegung .	48	282/83	36/37
Verwahrung u. Rückgabe niedergelegter Schriftstücke AG.	47	282	36
do. " " LG.	9 III—V	478/79	232/33
Verweigerung der Annahme der Zustellung . . .	26	207/08	13/14*
Verzeichnis, Urteilsverzeichnis § 316 ¹ ZPO. . . AG.	61	292	46
do. " § 316 ¹ " . . LG.	19	239	485
do. Zustellungsbeurkundung in Forstrügesachen	62 II/64	219/20	25/26*
Vollmacht, Zustellung	7 II	259	13
Vollstreckbare Ausfertigungen:			
a) § 727 Abs. 1 ZPO.	110 ¹	315	69
§ 728 Abs. 1 "	110 ²	315/16	69/70
§ 728 Abs. 2 "	110 ³	316	70
§ 729 Abs. 1 "	110 ⁴		
§ 729 Abs. 2 "	110 ⁵		
§ 738 Abs. 1 "	110 ⁶		
§ 738 Abs. 2 "	110 ⁷		
§ 742 Abs. 1 "	110 ⁸		
§ 742 Abs. 2 "	110 ⁹		

V.	Justizministerial-Blatt §§	Justizministerial-Blatt Seite	Sonder-Abdruck Seite
Vollstreckbare Ausfertigungen:			
§ 744 ZPO.	110[10]	317	71
§ 745 Abs. 2 ZPO.	110[11]	317	71
§ 749 ZPO.	110[12]	317	71
b) für mehrere Schuldner	109	315	69
c) gerichtlicher Urkunden	124 II	326	80
d) weitere vollstreckbare Ausf.	42[8], 112	280, 319	34, 73
e) Abholung durch Antragsteller . . . . . . **AG.**	45 II	281	35
" " " . . . . **LG.**	14	482	236
Vollstreckbare Ausfertigungen . . . . . . **LG.**	21	485	239
do. Ausfertigung, Konkurstabelle	196/98	369/71	123/25
Vollstreckbarkeitserklärung der Zahlbefehle	92 II	305/06	59
Vollstreckungsbefehle	92/97	305/07	59/61
Vollstreckungsbefehle: Einspruch, § 700 ZPO. . . .	37 I	276/77	30/31
do. Zustellung des VB.	8, 18 III	259/65	13/19
do. Urschrift des VB.	19 II	265	19
Vollstreckungsklausel, Zustellung	10 III	260	14
do. Erteilung d. V. . . . . **AG.**	101/25	311/26	65/80
do. " " " . . . . . **LG.**	21	485	239
Vollstreckungsregister	150/55	343/47	97/101
Vollzugsregister zum Postzustellregister	23[4]	269/70	23/24
Vorbereitung der mündlichen Verhandlung	51	286	40
do. der Zustellung	20 II	266/67	20/21
Vorerben, vollstreckb. Ausfertigung	110[2]	315/16	69/70
Vormundschaftsgericht, Mitteilungen v. Abschriften in Ehe- und Kindschaftssachen	16 II-III	482/83	236/37
Vormundschaftsgericht, Mitteilungen in Entmündigungssachen	42[5]	279	33
Vorrecht, Tabelle im Konkursverfahren	189/93	367/69	121/23
Vorschuß, Kostenvorschuß bei Zeugen- und Sachverständigenladung	40 III	278	32
Vorschuß, Schreibgebühren	81	301	55
Vorsteher einer Behörde, Zustellung	23	206/07	12/13*
W.			
Wasserstreitsachen, Mitteilung von Zivilurteilen . . .	17	484	238
Weigerungserklärungen, Gesuche	1	253	7
Wert des Streitgegenstandes, Kostenfestsetzungsverfahren	68[4], 73	295/97	49/51
Wertsendungen, Zustellung	21 II	267	21
do. "	7 II	197	3*
Widerspruch gegen den Zahlbefehl	42[7]	280	34
do. " " " Tätigkeit d. Gerichtsschr.	90/91	304/05	58/59
do. gegen Arrest-Beschluß	1	254	8
Wiedereinsetzung, Antrag, §§ 238, 466 ZPO.	37 II, 38	277/78	30/31
Wortlaut der Entscheidung im Protokolle	55 III	288	42

3.

	Justizministerial-Blatt §§	Justizministerial-Blatt Seite	Sonder-Abdruck Seite
Zählkarten, Konkursstatistik	204	373	127
Zahlungsbefehl, Zustellung v. A. w.	8^{II}	259	13
do. Mahnverfahren	83/97	302/07	56/61
do. Benützung bei Urteilen	58^{I-III}	289/90	43/44
do. Benachrichtigungen, §§ 693 Abs. 4, 694 Abs. 2 ZPO.	$42^6/42^7$	279/80	33/34
Zahlungsfristen	122	325	79
Zeichenschutz, Mitteilung von Zivilurteilen	17	483	237
Zeitungsausschnitte und Belege	28	273	27
Zeugen und Sachverständige, Ladung . . . . **AG.**	40/41	278/79	32/33
do. " . . . . **LG.**	12	481	235
Zeugen, Gesuche u. Anzeigen . . . . **AG.**	1	253	7
do. " " " . . . . **LG.**	1	476	230
Zeugen in Forstrügesachen, Ladung, Zustellung	59/66	218/20	24/26*
Zeugnisse, Rechtskraft . . . . **AG.**	98/99	308/11	62/65
do. " . . . . **LG.**	20	485	239
Zivilprozeßregister . . . . **AG.**	141/48	335/41	89/95
do. . . . . **LG.**	25/32	487/91	241/45
Zivilurteile, Mitteilung an a) kaiserl. Patentamt Berlin b) kaiserl. Aufsichtsamt für Privatversicherung Berlin c) Hydrotechnische Bureau München d) das K. Staatsministerium der Justiz	17	483/84	237/38
Zivilverantwortliche Personen in Forstrügesachen	59/66	218/20	24/26*
Zurücklieferung der nach § 182 ZPO. niedergelegten Schriftstücke	20	205/06	11/12*
Zurücknahme der Klage, § 271 ZPO.	1	254	8
Zurückschiebung zugeschobener Eide, Feststellung im Protokolle	55^{V}	288	42
Zusammenfalten von Schriftstücken . . . . **AG.**	165	355	109
do. " " . . . . **LG.**	55^{III}	506	260
Zuschlagbeschlüsse, vollstreckbare Ausfertigung	114^9, 119^{II-III}	321/24	75/78
Zuständiges Gericht . . . . **AG.**	1	253	7
do. . . . . **LG.**	1	475	229
Zustellungen: . . . . **AG.**			
a) allgemeine Vorschriften	6/11	259/61	13/15
b) Zustellungen von Amts wegen	12/17	261/64	15/18
c) Vermittelung d. Zustellung auf Betreiben d. Parteien	18/24	265/71	19/25
d) öffentliche Zustellung	25/29	271/73	25/27
Zustellungen: . . . . **LG.**			
a) im allgemeinen	3	476	230
b) Fälle der Zustellungen von Amts wegen	4/5	476/77	230/31
c) Vermittelung d. Zustellung auf Betreiben d. Parteien	6/7	477/78	231/32
d) öffentliche Zustellung	8	478	232

3.	Justizministerial-Blatt §§	Justizministerial-Blatt Seite	Sonder-Abdruck Seite
Zustellungen:			
1. der Einspruchsschrift an die Gegenpartei	37 ¹	276/77	30/31
2. im Konkursverfahren	181	361/62	115/16
3. an die Partei selbst, § 177 ZPO.	34 I-II	275/76	29/30
4. von Pfändungs- und Ueberweisungsbeschlüssen	10 IV	260	14
5. des Versäumnis-Urteils § 508 Abs. 1 ZPO.	18 III	265	19
6. des Vollstreckungsbefehls	18 III	265	19
7. der Vollstreckungsklausel, § 750 ZPO. mit § 751 Abs. 2 ZPO.	10 III	260	14
8. der Arrestbeschlüsse und einstweil. Verfügungen	10 IV	260/61	14/15
Zustellungen von Amts wegen:			
I. Fälle der Zustellungen v. A. w.	1/3	195/96	1/2*
II. Zustellungen v. A. w. in bürgerl. Rechtsstreitigkeiten und im Konkursverfahren	4/13	196,202	2/8*
1. durch den Gerichtsdiener	14/32	202/10	8/16*
2. durch die Post	33/37	210/12	16/18*
3. durch Aufgabe zur Post	38/40	212	18*
4. im Auslande und öffentliche Zustellungen	41	212	18*
III in Zwangsversteigerungs- und in Zwangsverwaltungsverfahren	42/43	212/13	18/19*
IV. in Grundbuchsachen	44/45	213	19*
V. in Angelegenheiten der freiwilligen Gerichtsbarkeit	46/53	213/16	19/22*
VI. in Strafsachen	54/58	216/18	22/24*
VII. in Forstrügesachen	59/66	218/20	24/26*
VIII. in militärgerichtlichen Strafsachen	67/68	220/21	26/27*
IX. an Gefangene	69/73	221/23	27/29*
Zustellung von Amts wegen, Ausführung an:			
Behörden	11	200/01	6/7*
Dienstboten	10		
Feldwebel	11		
Gemeinden	11		
Gewerbegehilfen	10		
Gesellschaftsfirmen	11		
Handelsgesellschaften	11		
Korporation	11		
Prozeßbevollmächtigte	11		
Unteroffiziere	11		
Wachtmeister	11		
Zustellungen v. A. w. im Ersatzwege an: (§§ 183 Abs. 1, 183 Abs. 2, 184 Abs. 1 ZPO.)	18, 21/23	203/07	9/13*
1. Buchhalter			
2. Fremde			
3. Gehilfen			
4. Gesellen			
5. Gewerbegehilfen			
6. Hauswirt			
7. Kommis			
8. Konzipienten			
9. Ladenmädchen			
10. Schreiber			
11. Unerwachsene Kinder			
12. an Beamte oder Bedienstete einer Behörde, Gemeinde, Korporation, Vereine			

Z.

	Justizministerial-Blatt §§	Justizministerial-Blatt Seite	Sonder-Abdruck Seite
Zustellungen v. A. w. im Ersatzwege an:			
13. an den Gegner der Partei	12	202	8*
14. durch Niederlegung	19/20	204/06	10/12*
Zustellungsauftrag an Gerichtsdiener	15	202	8*
Zustellungserlaubnis, § 188 ZPO.	27	208	14*
	34	211	17*
	55 III	217	23*
	43 ²	280	34
Zustellungsnachweise . . . . **AG.**	165 III	355	109
do. . . . . **LG.**	55 IV	506	260
Zustellungsregister, Vermerk	70	221	27*
do. Postzustellungsregister	23	268/71	22/25
Zustellungs-Urkunde:			
Entwurf	14, 33	202/10	8/16*
Inhalt	29	208/09	14/15*
Prüfung	32, 55	210/16	16/22*
Schrift	30	209	15*
Vermerke	31/34	210/11	16/17*
Zustellungszeugnis, § 194 Abs. 2 ZPO.	23 ⁶	270/71	24/25
Zwangsvollstreckung gegen den Ersteher und Meistbieter	120	324	78
Zwangsvollstreckung, Mitwirkung des Gerichtsschreibers	126	326	80
Zwangsvollstreckungsinstanz, Anträge	1	254	8
Zwischenstreit, Terminsbekanntgabe	37 II, 38	277/78	30/31

Druck: Dr. F. P. Datterer & Cie., G. m. b. H., Freising und München.